40 MICROCUENTOS

40 Microcuentos

© Andreu Sierro Vaquero

1ª Edición Junio 2014

ISBN: 978-84-617-0756-0

ÍNDICE

ÍNDICE

Agradecimientos

Emma Garrido
Serafín Sierro
Paqui Vaquero
David Carreño
Marta Padrós
Sílvia Soler
David Padrós
Cristina Iglesias
Luis Angosto,
por ser otros ojos.

Dedicado
con todo mi amor a Emma, Aleix,
a mi padre y a mi madre.

40 MICROCUENTOS

EL VAMPIRO

El vampiro solo se recuperó del susto cuando vio en el suelo la boca de la muñeca hinchable.

EL SUJETADOR

Ella suspiraba mientras Juan le acariciaba el sujetador lentamente. De repente tiró de él todo lo que pudo y, tras unos instantes de tensión, concluyó que aquello jamás sería un tirachinas doble.

LA BOTELLA

La botella, triste y consumida, sentía su vacío en un rincón de la bodega. Soñaba con un último trago que la volviese a llenar de vida.

EL ESPEJO

Como tantas otras veces, todo sucedió en la imaginación del espejo.

EL MARINERO

El marinero, después de inundar su cuerpo con un mar de vino, notó como el barquito encallaba en su garganta.

EL TORNILLO

Aquel día, delante del espejo, el tornillo decidió hacer una locura: se peinó con la raya al lado.

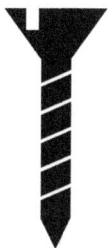

LA VERDAD

Se pasó toda la vida excavando la tierra, picando piedras buscando la Verdad. Cuando la descubrió fue demasiado tarde: La había destrozado toda.

EL NIÑO

Tan listo era y tantas cosas sabía aquel niño que sus padres decidieron encuadernarlo.

EL ASTRÓNOMO

El astrónomo dejó el telescopio y se fue a buscar una escalera. Una vez arriba cambió la bombilla de la estrella fundida.

EL FARO

Después de tantos años de girar noche tras noche, el faro se desenroscó y cayó al mar.

EL ESPEJO ROTO

Cuando consiguió recomponer y encolar los fragmentos del espejo roto, se miró en él y vio que lo había hecho mal. El reflejo de su boca estaba en el lugar de la frente.

LA DUCHA

Mil agujas de agua helada salieron de la ducha para coser una nueva piel al cuerpo que aún se desperezaba.

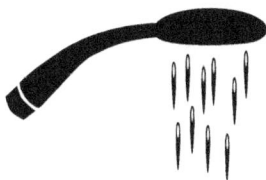

LA BALA

La paradoja de una bala es que esta se gana el cielo cuando muere en el corazón de un buen hombre.

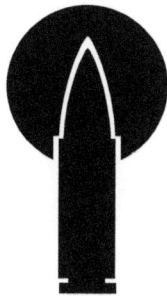

EL MANCO

El manco tuvo la genial idea de regarse el muñón cada mañana con la esperanza de que volviera a crecer la mano. Al poco tiempo, un ramillete de margaritas le brotó de la carne.

LOS ESPEJOS

Hicieron falta muchos años de investigación para conseguir que los espejos en blanco y negro fueran a color.

LA CAZA

No aguantó más. Estaba harto. Cogió la escopeta pajarera y se sentó a esperar en el jardín frente a su casa. No quería que durante la ventisca que se avecinaba ninguna de sus ventanas volviera a fugarse batiendo las alas.

LAS LENGUAS

Cuando la lengua entró en su boca y se almibaró con la de ella, notó que allí dentro había más lenguas esperando.

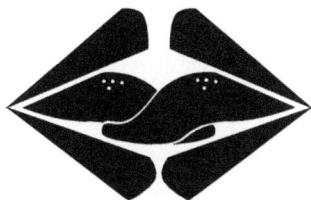

EL LADRÓN

Cuando ya le había ensartado más de treinta navajazos para robarle, el ladrón se percató de que su víctima era un faquir.

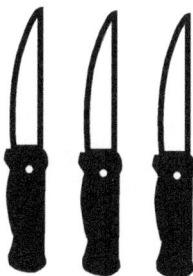

EL PASTOR

El pastor era incapaz de conciliar el sueño contando ovejas saltando la valla.

EL CAMALEÓN

El camaleón correteaba nervioso de un lado para otro. ¿Como se le podía haber olvidado? ¡Se le había acabado el color verde!

EL OJO

Días después de colocarse el ojo de cristal descubrió que cerrando el ojo bueno podía ver el futuro.

LAS HUELLAS

Asustado, se apoyó contra la pared del callejón. Se asomó por la esquina lentamente y vio con horror que sus huellas aún le estaban siguiendo.

LA CREMALLERA

Cuando bajó el tren cremallera apareció el hermoso escote de la montaña.

EL CAMINO

El viajero observó el camino que tenía delante. Era tortuoso, abrupto, retorcido. Entonces se agachó, cogió una punta del camino y tiró de él hasta que quedó liso y recto.

EL ENCHUFE

Tan deteriorado estaba el enchufe que se le cayó un agujero al suelo.

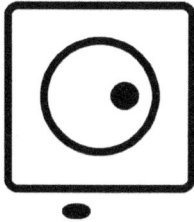

LA AVIONETA

El avión entró en el hangar para protegerse del frío y de la lluvia. Amorosamente incubó el huevo. A la mañana siguiente, con los primeros rayos de sol, una pequeña avioneta revoloteaba a su alrededor.

EL ASUNTO

- Salgamos fuera y arreglemos este asunto de una vez- le dijo uno a otro.

Y los dos salieron de la página y nos quedamos sin saber cómo acabó su historia.

EL ORDEN

Aunque parecía que en la carrera del orden, el dos iría detrás del uno, en el último momento el tres se colocó en segunda posición.

EL OJO DE CRISTAL

Aún con resaca, vio que su ojo de cristal estaba enroscado en el casquete de la lámpara. ¿Y la bombilla? se preguntó. No tuvo el valor suficiente para a mirarse en el espejo.

LA PASIÓN

El velo y la vela mantenían una relación apasionadamente incendiaria.

LOS HELADOS

Bien es sabido que los helados se deshacen por culpa de las eróticas lenguas que los lamen.

LOS AHORROS

Al final comprendieron la pataleta y los lloros desconsolados del pequeño Tomás. Cuando abrieron en canal a la cerda Clementina, las monedas que había ahorrado el niño quedaron esparcidas por el establo manchados de sangre y tripas.

EL LADRÓN

El ladrón giró sus dedos dos veces a la derecha, tres a la izquierda y una vez más a la derecha, el pezón de su amiga. Así consiguió robarle el corazón.

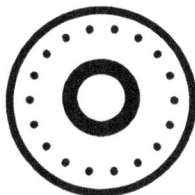

EL PESCADOR

Cuando el pescador recogió la red social ésta estaba llena de incautos.

EL TABLERO

Todas las piezas de ajedrez se retiraron del tablero avergonzadas al descubrir que se habían colado en un crucigrama.

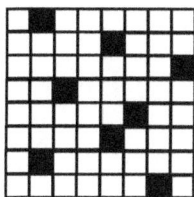

EL DADO

El dado llegó malherido a urgencias pero no supieron por donde aplicarle más puntos.

LA INTELIGENCIA

Quería afilar su inteligencia pero no encontró un sacapuntas adecuado al tamaño de su cabeza.

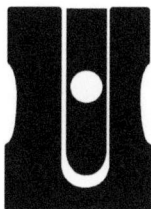

LA PISTOLA

"¡Pan, Pan!" - Disparó la pistola hambrienta.

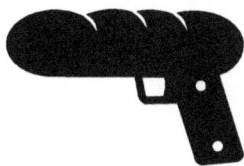

EL TABURETE

Cuatro patas tenia el taburete y ninguna podía mover.

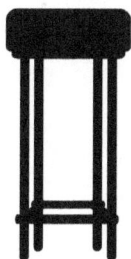

EL SEGUNDO

En el último segundo antes de morir vio pasar toda su vida hasta que llegó al último segundo antes de morir que vio pasar toda su vida hasta que llegó al último segundo antes de morir que vio...

FIN

Este libro se acabó de escribir
el 15 de junio de 2014,
en Sant Cugat del Vallés.

Más información sobre el autor en:

www.sierro.biz